2025년 사 순 묵 상 수 첩

# 희년, 희망의 순례자

KB194889

이름·세례명 .................................................

본당 .................................................

## "매일 복음을 쓰고, 영적 나눔을 함께해요."

### 카카오그룹 채팅!

사순 시기 동안 예수님의 수난을 묵상하면서

사순 묵상 수첩에 매일 복음을 쓴 후

인증하고, 나눔을 위한

카카오 오픈채팅방을 개설했습니다.

참여를 원하시는 분들은 함께하시기 바랍니다.

 오픈채팅방 이름 **#2025년 사순묵상수첩 1일 인증**

카카오그룹 채팅 참여코드 **2025**

https://open.kakao.com/o/gE4WV69g

## 사순절을 맞으며

"어둠의 행실을 벗어 버리고 빛의 갑옷을 입읍시다."(로마 13,12)
라는 사도 바오로의 말씀이 울려옵니다.

예수님의 수난과 죽음을 깊이 묵상하며 우리 삶을 돌아보고
새롭게 태어나는 시기인 사순절이 돌아왔습니다.

사순절을 보다 의미 있게 보내기 위해
사순묵상수첩을 마련했습니다.

서울대교구는 올해 희년을 맞아 발표한 사목교서에
'희망하는 교회', '순례하는 교회', '선포하는 교회'를
실천 사항으로 제시하고 있습니다.
보이지 않는 것을 희망하기에 인내심을 가지고,
성체조배나 성시간을 통해 내적 순례 여정을 하며,
애덕 실천을 통해 복음을 선포하기를 강조하고 있습니다.
이런 실천 사항들이 하루하루 실천되어 갈 때 신앙은 다져지고
십자가의 죽음을 통한 부활의 기쁨을 만끽하게 될 것입니다.

2025년 사순절에
서울대교구 상봉동 성당 주임
한국가톨릭문화연구원 원장

김민수 이냐시오 신부

# 3월 5일 재의 수요일 (금육과 단식)

숨은 일도 보시는 네 아버지께서
너에게 갚아 주실 것이다. (마태 6,4)

## 묵상

사순 시기는 예수님의 수난과 부활을 준비하는 시간으로, 재의 수요일에 머리에 재를 얹는 예식과 단식으로 시작한다.

"사람은 흙에서 왔으니 흙으로 돌아갈 것을 생각하십시오."(창세 3,19)라는 말씀처럼, 재는 우리가 어디에서 왔는지 기억하게 하고 참회와 슬픔을 느끼도록 한다. 이는 또한 새로운 삶으로 거듭나기 위한 죽음을 뜻한다. 단식은 우리의 삶에서 잘못된 악습을 끊고, 새로운 방향으로 나아가겠다는 회심을 의미한다.

또 사순 시기는 나와 하느님의 관계, 이웃과의 관계, 나 자신과의 관계를 성찰하면서 하느님께 나아가는 시간이다. 예수님께서는 기도와 단식, 자선을 실천하되 남에게는 드러내지 말라고 하신다. 기도로 하느님과의 관계를 깊게 하고, 자선으로 이웃에게 사랑을 베풀며, 단식으로 절제하면서 자신을 이겨 내는 시간이다.

2025년 올해는 희년이다. 이번 사순 시기에는 복음 말씀을 쓰고 묵상하며, 주님 부활을 기쁘게 맞이하겠다고 다짐해 본다.

## 실천

사순 시기에 매일 복음 쓰기를 약속하며,
묵주기도 '환희의 신비'를 바칩니다.

# 오늘의 복음(마태 6,1-6.16-17)을 쓰겠습니다.

# 3월 6일 재의 예식 다음 목요일

나 때문에 자기 목숨을 잃는
그 사람은 목숨을 구할 것이다. (루카 9,24)

**묵상**

우리는 매 순간 선택의 기로에 서 있다. 옷은 뭘 입고 나갈까, 무엇을 먹을까, 이 말을 할까 말까 등 아주 사소한 일에서부터 이사, 직장, 결혼 등 인생의 중요한 문제까지 우리는 끊임없이 선택하고 결정해야 한다.

'순간의 선택이 평생을 좌우한다'라는 말이 있다. 선택은 삶을 이끄는 나침반과 같다. 우리가 선택하고 내리는 결정은 신념과 가치관, 삶의 기준에 따라 달라지며, 그에 따른 책임이 따른다.

며칠 전 지인이 대장암 진단을 받았다는 이야기를 듣고 서둘러 건강검진 예약을 했다. 패키지 검진에 항목을 몇 개 더 추가하니 금액이 꽤 올라갔지만, 건강이 제일 중요하다고 생각했다.

하느님께서는 우리에게 자유의지에 따른 선택권을 주셨다. 습관과 타성에 따라 살 것인지, 아니면 십자가를 지고 예수님을 따를 것인지 선택해야 한다. 사순 시기를 시작하며 내 선택의 기준이 무엇인지 성찰해 본다. "누구를 섬길 것인지 오늘 선택하여라."(여호 24,15) 하느님의 말씀이다.

**실천**

매일 한 가지 이상 '감사'할 것을 약속하며,
묵주기도 '빛의 신비'를 바칩니다.

# 오늘의 복음(루카 9,22-25)을 쓰겠습니다.

"매일 복음을 쓰고 영적 나눔을 함께해요"
오픈채팅방 이름  #2025년 사순묵상수첩 1일 인증
카카오그룹 채팅 참여코드  2025

# 3월 7일 재의 예식 다음 금요일

신랑을 빼앗길 때에 그들도 단식할 것이다.

(마태 9,15)

**묵상**

수난과 죽음을 앞둔 예수님께서는 바리사이와 같은 형식적인 단식을 원치 않으셨다. 단식은 단념과 포기, 절제의 의미를 지닌다. 사순 시기에 우리는 금주, 금연, 디지털기기 사용 절제, 감정의 절제 등 악습의 단념을 약속한다. 하지만 끊겠다는 결심도 중요하지만 '무엇을 해야 할까?'라는 질문이 우리 앞에 놓여 있다.

하느님께서는 말씀하신다. "내가 좋아하는 단식은 이런 것이 아니겠느냐? 불의한 결박을 풀어 주고 멍에 줄을 끌러 주는 것, 억압받는 이들을 자유롭게 내보내고 모든 멍에를 부수어 버리는 것이다. 네 양식을 굶주린 이와 함께 나누고 가련하게 떠도는 이들을 네 집에 맞아들이는 것, 헐벗은 사람을 보면 덮어 주고, 네 혈육을 피하여 숨지 않는 것이 아니겠느냐? 그리하면 너의 빛이 새벽빛처럼 터져 나오고 너의 상처가 곧바로 아물리라."(이사 58, 6-8) 하루하루 하느님께 감사하며, 이웃에게 관심을 두는 삶을 사는 것이 지금 할 수 있는 단식이 아닐까 하는 생각이 든다.

**실천**

부활을 준비하는 사순 시기에 '나' 자신의 변화를 청하며, 묵주기도 '고통의 신비'를 바칩니다.

# 오늘의 복음(마태 9,14-15)을 쓰겠습니다.

# 3월 8일 재의 예식 다음 토요일

나는 의인이 아니라
죄인을 불러 회개시키러 왔다. (루카 5.32)

**묵상**

함께 밥을 먹는다는 의미는 단순히 생존을 위해 끼니를 때우는 것 이상의 깊은 뜻을 지니고 있다. 상대방과 동일시, 즉 서로의 존재를 느끼고 연결된다는 감정이 내포되어 있다. 멀리 떨어져 사는 딸에게 안부 전화를 할 때면, 가장 먼저 "밥 먹었니?"라고 묻곤 한다. 또, 직원을 채용할 때 오찬 면접을 하는 회사도 있다고 하는데, 이는 음식을 통한 소통의 한 방법이다. '식구'라는 말은 함께 밥을 먹는 사람들을 일컬으며, 이는 가족의 의미를 깊게 해 준다. 예수님께서 세리와 함께 식사하신 것은 멸시받던 세리가 회개하고 따라나선 것에 대한 예수님의 배려였을 것이다.

회개는 일상생활에서 방향을 바꿔 하느님께 되돌아가는 것을 의미하며, 이는 꼭 해야 하는 일 중 영순위이다.

무엇이든 행하기 위해서는 계획과 준비가 필요하다. 회개를 위한 준비는 먼저 자신과의 직면에서부터 시작된다. 영세 때의 깨끗한 모습, 어린아이 같은 순수함, 그리고 초자아로의 회귀이다.

**실천**

사순 시기를 맞아 스마트폰을 잠시 내려놓고 예수님과 함께 걷기로 다짐하며, 묵주기도 '영광의 신비'를 바칩니다.

# 오늘의 복음(루카 5,27ㄴ-32)을 쓰겠습니다.

# 3월 9일 사순 제1주일

예수님께서는 성령에 이끌려 광야로 가시어
유혹을 받으셨다. (루카 4,1-2)

**묵상**

구약 성경에서 광야는 이스라엘 백성이 40년 동안 하느님께서
약속하신 땅에 이르기 위한 믿음의 장소이자 유혹의 장소로 나
타난다. 유혹은 하느님에 대한 믿음을 시험하는 과정이다. 예수
님 또한 성령의 이끌림으로 광야로 가시어 40일 동안 머물며 빵
과 권력, 하느님의 믿음을 시험받으셨다. 세례자 요한은 광야에
서 "회개하여라. 하늘나라가 가까이 왔다."(마태 3,2)라고 외쳤다.
광야는 단순히 벗어나고 싶은 고통스러운 곳이 아닌, 나 자신과
싸우고 성찰하며 비우는 장소이자 준비의 공간이다.

심리학자 매슬로의 욕구 5단계 이론에 따르면, 인간에게는 ①
생존의 욕구 ②안전의 욕구 ③애정·소속의 사회적 욕구 ④인정
받고자 하는 존중의 욕구 ⑤자기 발전과 창의적 활동, 영적 존
재로 살고자 하는 자아실현의 욕구가 있다고 한다. 마지막 단계
인 자아실현의 욕구를 충족시키기 위해서는 하느님을 신뢰하고,
유혹과 시련을 극복해야 하며, 이 과정을 통해 자신이 영적 존재
임을 깨닫게 된다.

**실천**

오늘 하루 감사한 일을 적어 봅니다.

# 오늘의 복음(루카 4,1-11)을 쓰겠습니다.

# 3월 10일 사순 제1주간 월요일

너희가 내 형제들인 이 가장 작은 이들 가운데 한 사람에게
해 준 것이 바로 나에게 해 준 것이다. (마태 25,40)

**묵상**

오늘 복음은 최후의 심판을 그리고 있다. 예수님께서는 심판의
기준을 작은 이들과 가난한 이들을 위한 우선적 선택에 두고 계
신다. 가난한 이들은 단순히 물질적으로 궁핍한 사람들만이 아
니라, 비천하고 가련한 자, 억눌린 자, 핍박받는 자들을 포함하
며, 이들을 구원의 길로 인도하는 것이 예수님의 뜻이다.

시스티나 경당 제단 뒷벽에 걸린 미켈란젤로의 작품인 「최후의
심판」 성화는 심판과 구원의 모습을 예수님을 중심으로 천상의
세계와 지옥의 세계로 그려 내고 있다. 지옥이 눈에 더 잘 보이는
위치에 있으며, 특히 400여 명의 등장인물 중, 산 채로 살가죽이
벗겨진 순교자 바르톨로메오가 살가죽을 들고 있는 모습이 눈에
띈다. 그 살가죽에는 찌그러진 인간의 얼굴이 그려져 있는데, 미
켈란젤로 자신의 고통받는 자화상이라고도 전해진다.

어느 날 장례미사에 참석하면서 문득 나는 최후의 심판 때 어떤
모습일까 하는 생각이 들면서 두려움이 엄습해 왔다.

**실천**

오늘 하루 감사한 일을 적어 봅니다.

14

# 오늘의 복음(마태 25,31-40)을 쓰겠습니다.

# 3월 11일 사순 제1주간 화요일

너희는 이렇게 기도하여라.

(마태 6,9)

**묵상**

주님의 기도는 예수님께서 기도하는 법을 모르는 제자들에게 가르쳐 주신 가장 완전한 기도이다. 이 기도는 우리가 가장 즐겨 바치는 기도로, 살면서 어려운 일이 닥치거나 마음이 불안할 때 가장 먼저 떠오르는 청원기도이며, 예수님과 깊이 교감하는 위로의 기도이다. 인간의 힘으로는 어찌할 수 없는 일이 닥쳤을 때, 우리는 종종 다른 사람들에게 기도를 부탁하게 된다. 그때 "기도해 줄게요."라는 말이 얼마나 큰 위안이 되는지….

아는 자매가 폐 수술을 받게 되자, 성가대에서 봉사하던 그녀의 남편은 만나는 신자마다 붙잡고 "아내가 수술을 받아요. 기도해 주세요."라고 울먹이며 절박함을 호소했다. 성당에 그 자매의 수술 사실이 알려지면서 교우들이 개인적으로, 또 공동체를 통해 기도를 바쳤다. 온 마음과 힘을 다해 함께 기도할 때 하느님께서 응답하신다는 믿음이 그 자매를 살린 것이다. 한편 나는 그동안 "기도해 줄게"라고 쉽게 말하며 기도를 남발하지 않았는지 되돌아보게 된다.

**실천**

오늘 하루 감사한 일을 적어 봅니다.

# 오늘의 복음(마태 6,7-15)을 쓰겠습니다.

# 3월 12일 사순 제1주간 수요일

이 세대는 요나 예언자의 표징 밖에는
어떠한 표징도 받지 못할 것이다. (루카 11,29)

**묵상**

요나는 니네베 사람들에게 성의 없이 하느님의 말씀을 전했지만,
그들은 진심으로 회개했다. 죄악에 빠져 있던 니네베에서 임금을
비롯한 모든 백성이 하느님께 용서를 빌고 하느님의 말씀과 가
르침을 따르자 "하느님께서는 그들이 악한 길에서 돌아서는 모
습을 보셨다."(요나 3,10) 그래서 니네베 사람들은 심판을 모면했
다. 요나는 회개의 표징이었다.

그러나 요나보다 더 큰 이가 예수님이시다. 그럼에도 사람들은
그의 말씀에 따라 회개하기는커녕, 메시아임을 부정하며 결국 십
자가에 못 박아 돌아가시게 했다. 예수님께서는 악한 세대에 대
해 탄식하시며, 예수님께서 다시 살아나야만 사람들이 마음의 문
을 열고 회개할 것이라고 말씀하셨다.

사람들이 기적을 보고 놀라워할 때 그것보다 더 놀라운 것은, 기
적을 보지 못하더라도 예수님의 말씀에 따라 살아가고자 노력하
고 변화를 실천하는 우리의 회개가 진정한 기적일 것이다.

**실천**

오늘 하루 감사한 일을 적어 봅니다.

# 오늘의 복음(루카 11,29-32)을 쓰겠습니다.

# 3월 13일 사순 제1주간 목요일

누구든지 청하는 이는 받을 것이다.

(마태 7,8)

**묵상**

예수님께서 말씀하신 "남이 너희에게 해 주기를 바라는 그대로 너희도 남에게 해 주어라"라는 황금률은 우리에게 도덕적 행동의 기준이 된다. 또 공자는 "남을 대접할 때는 내가 받고 싶은 대로 대접하라"라고 했다.

우리는 누구나 사랑받고 싶고, 또 인정받고 싶은 본능을 지니고 있다. 이러한 욕구를 충족시키기 위해서는 내가 먼저 상대방을 사랑하고 인정하는 것이 중요하며, 존중받고 싶다면 타인의 의견을 소중히 여기는 태도가 필요하다. 그러나 우리는 종종 '상대가 먼저' 나를 사랑해 주고, 인정해 주고, 존중해 주기를 요구한다. 특히 가까운 관계에서는 더욱 그러하다. '내가 먼저'라는 마음이 없으면 상호 존중과 배려가 어려워지고 상대방 때문이라고 탓하게 된다. 그러면 섭섭함이나 갈등이 생기기 마련이다. 이럴 때, 배려하는 마음으로 상대를 바라보는 것이 필요하다. 오늘 하루 작은 실천으로 '내가 먼저' 누군가를 배려하는 하루가 되면 좋겠다.

**실천**

오늘 하루 감사한 일을 적어 봅니다.

# 오늘의 복음(마태 7,7-12)을 쓰겠습니다.

# 3월 14일 사순 제1주간 금요일

물러가 먼저 그 형제와 화해하여라.

(마태 5,24)

**묵상**

우리는 살면서 크고 작은 갈등을 겪는다. 갈등이 없는 관계는 죽은 관계이다. "우리 사이에는 아무 문제가 없어요."라고 말하는 부부는 문제가 있다고 한다. 하지만 갈등 그 자체보다 중요한 것은 갈등을 어떻게 해결하느냐이다. 그럼에도 우리는 갈등 해결 방법을 배우기 쉽지 않았다. 학교, 학원, 어디서도 가르쳐 주지 않았고, 가정에서 배웠어야 했는데 역기능적인 환경으로 그것마저도 여의치 않았다.

예전에 TV에서 방영된 다큐멘터리 <대한민국 화해 프로젝트-용서>에서 한 어머니가 다섯 살 아들을 남겨 두고 탈북했다가, 13년 동안 북한에서 꽃제비로 떠도는 아들을 어렵게 한국으로 데려왔다. 그러나 아들은 어머니를 만난 지 5년이 지났음에도 자신을 왜 버렸냐고 원망하며 어머니를 용서하지 못하고 있었다.

화해를 위해서는 먼저 용서가 우선되어야 한다. 주먹을 꽉 쥔 손은 악수할 수 없다는 말처럼, 화해를 위해서는 서로 마음을 열어야 한다. 이때 하느님께 의지하며 기다리는 시간이 필요하다.

**실천**

오늘 하루 감사한 일을 적어 봅니다.

# 오늘의 복음(마태 5,20ㄴ-26)을 쓰겠습니다.

# 3월 15일 사순 제1주간 토요일

하늘의 너희 아버지께서 완전하신 것처럼
너희도 완전한 사람이 되어야 한다. (마태 5.48)

**묵상**

한동안 MBTI 열풍이 불었다. MBTI는 스스로 진단하는, 자가 진
단 성격 유형 검사이다. 이 검사는 선천적으로 선호하는 경향성
을 찾아야 하는데, 환경과 교육으로 자질과 성향이 변하기 때문
에, 타고난 성향보다 내가 바라는 쪽으로 왜곡 진단할 수 있다는
함정이 있다. MBTI 검사에서는 선호 성격을 16개 유형으로 나누
는데, 각 유형마다 장단점이 있다. 이는 완벽한 성격이 없다는 뜻
이다. "아내는 왜 매번 화장품 뚜껑을 열어 놓고 외출하는지 이해
가 안 돼요."라고 했던 남편이 MBTI 검사를 통해 아내의 성향을
이해한 후에는 "정리 잘하는 내가 닫아 줘야지."라며 잔소리를
멈췄다고 한다. 비록 MBTI 검사는 성격을 이해하는 하나의 도구
일 뿐으로 인간의 성격을 완벽하게 설명할 수는 없지만, 검사 목
적은 자신을 찾아가고 상대가 나와 다름을 인정하는 것이다. 이
를 통해 자신의 장점은 키우고 단점은 보완함으로써 갈등을 조
정할 수 있다.
그러면 "예수님은 어떤 유형일까?" "예수님은 16개 유형을 다 갖
추신 완전한 분이다."

**실천**

오늘 하루 감사한 일을 적어 봅니다.

# 오늘의 복음(마태 5,43-48)을 쓰겠습니다.

# 3월 16일 사순 제2주일

예수님께서 기도하시는데, 그 얼굴 모습이 달라졌다.

(루카 9,29)

## 묵상

예수님의 거룩한 변모 사건은 단순한 사건이 아닌 구원의 약속이며 주님을 만난다는 희망이다. 수난받기 전 산에 올라가신 예수님께서는 변모 사건으로 인간적인 모습에서 초월적인 신성을 보여 주신다.

라파엘로 산치오의 「그리스도의 변모」 성화에서는 두 사건이 하나의 화폭에 담겨 있다. 윗부분에서 예수님은 구름 속에서 십자가에 매달리신 모습으로 표현되어 있다. 이 모습은 그분의 수난과 희생을 상징하며, 우리를 위한 구원의 길이 얼마나 힘겨운지 보여 준다. 모세와 엘리야가 곁에 있는 것은 구약의 율법과 예언이 예수님 안에서 완성됨을 나타내며, 이들의 존재는 예수님의 사명이 단순히 개인적인 것이 아님을 강조한다. 아랫부분에서는 하얀 예수님과 대조되는 더러운 영에 사로잡힌 아이의 고통스러운 모습이 눈에 띈다. 그림은 다양한 고통과 시련이 예수님의 희생과 연결되어 있음을 상기시키며, 부활을 위해서는 반드시 십자가의 희생이 필요하다는 메시지를 담고 있다.

## 실천

스마트폰을 잠시 내려놓고 기도하며,
예수님과 함께 사순 시기 걷기를 실천합니다.

# 오늘의 복음(루카 9,28ㄴ-36)을 쓰겠습니다.

용서하여라. 그러면 너희도 용서받을 것이다.

(루카 6,37)

**묵상**

갈등을 풀고 용서를 위한 방법은 무엇일까? 우리가 마주하는 여러 갈등은 때로는 서로의 입장과 감정을 이해하지 못함에서 비롯된다. '입장 바꿔 생각해 보자'라는 말은 역지사지易地思之의 중요한 가치를 전달한다. 상대방의 아픔과 상황을 이해하려는 노력은 갈등을 해소하는 첫걸음이다.

우리는 미사 중에 '제 탓이요, 제 탓이요, 저의 큰 탓이옵니다.'라고 참회를 한다. 1990년대 자동차에 부착하고 다녔던 '내 탓이요' 스티커처럼, 먼저 자신의 행동을 객관적으로 보고 반성하는 것이 용서의 시작이다. 1988년 천주교 평신도협의회에서 시작된 이 신뢰 회복 운동은 개인의 책임을 강조하며, 공동체의 이해와 연대를 통해 서로 용서하고 화해하자는 메시지를 담고 있다.

용서는 나 자신을 위한 것이다. 우리는 서로 다른 환경과 성격을 가진 감정적인 존재이기에 용서하기 쉽지 않다. 도저히 용서할 수 없다면 하느님께 용서하는 힘을 달라고 기도하며 의탁해야 할 것이다.

**실천**

스마트폰을 잠시 내려놓고 기도하며,
예수님과 함께 사순 시기 걷기를 실천합니다.

# 오늘의 복음(루카 6,36-38)을 쓰겠습니다.

# 3월 18일 사순 제2주간 화요일

누구든지 자신을 높이는 자는 낮아지고
자신을 낮추는 이는 높아질 것이다. (마태 23,12)

**묵상**

삶은 언제나 내가 계획한 대로 흐르지 않는다. 예측할 수 없는 도전과 변화의 연속에서 세월의 무게를 느끼고 나서야 비로소 유연한 물처럼, 겸손한 흙처럼 살아가는 것이 얼마나 값진 일인지 깨닫게 된다.

생명의 근원인 물은 높은 곳에서 낮은 곳으로 흐른다. 물은 그릇에 담기는 대로 모양을 바꾸고, 장애물을 만나면 피하거나 돌아서 흐른다. 이러한 유연성과 융통성, 친화력은 우리에게 삶의 지혜를 가르쳐 준다.

한편, 굳건하게 자신의 자리를 지키고 있는 땅은 사람들이 밟고 지나가는 가장 비천한 흙이다. 그러나 흙은 낮은 곳에서 생명을 잉태하고 키워 낸다. '겸손'을 뜻하는 라틴어 'humilitas'는 '흙 humus'에서 유래한다고 한다. 물과 흙은 서로 뗄 수 없는 생명을 이어주는 관계이다. 하지만 겸손은 단순히 자신을 낮추는 것이 아니다. 부족함을 인정하고, 그 부족함을 하느님께 의탁하며, 하느님께서 주신 재능을 계발하고 발휘하는 것이다.

**실천**

스마트폰을 잠시 내려놓고 기도하며,
예수님과 함께 사순 시기 걷기를 실천합니다.

# 오늘의 복음(마태 23,1-12)을 쓰겠습니다.

# 3월 19일 복되신 동정 마리아의 배필 성 요셉 대축일

**묵상**

교회의 수호자 요셉 성인은 의로움과 신앙의 상징으로 여겨진다. 마리아의 임신 소식을 듣고, 그녀를 보호하기 위한 깊은 배려로 조용히 파혼을 결심했지만, 자신의 계획보다 꿈에서 받은 하느님의 말씀을 듣고, 하느님의 뜻을 따라 마리아와 함께하기로 결심한다. 이 모습을 묵상하면서 그가 신앙과 의로움으로 가득 찬 인물임을 느낄 수 있었다. 요셉 성인의 의로움은 단순한 도덕적 행동이 아닌, 믿음을 바탕으로 한 실천으로 이어진 것이다.

다큐멘터리 프로그램 <극한 직업>에서는 신체적, 정신적으로 극한 상황에서 묵묵히 자기 일을 하는 사람들의 모습을 볼 수 있다. 그들이 위험을 무릅쓰고 극한 직업을 선택한 이유는 한결같이 가족을 위해서라고 말한다.

힘든 일이 닥치면 우리는 종종 자신의 안위를 우선시하지만, 요셉 성인은 가족을 지키기 위해 인내하며 주목받지 못한 삶을 살았다. 그의 의로움은 단순히 규범을 따르는 것이 아니라, 하느님에 대한 순명과 가족에 대한 책임감에서 비롯된 것이다.

**실천**

스마트폰을 잠시 내려놓고 기도하며,
예수님과 함께 사순 시기 걷기를 실천합니다.

# 오늘의 복음(마태 1,16. 18-21. 24ㄱ)을 쓰겠습니다.

# 3월 20일 사순 제2주간 목요일

너는 좋은 것들을 받았고 라자로는 나쁜 것들을 받았다. 그는 이제 여기에서 위로를 받고 너는 고초를 겪는 것이다. (루카 16,25)

**묵상**

연말에 곳곳에서 익명의 기부 천사들의 이야기가 전해질 때마다 우리 공동체는 여전히 따뜻하다는 사실에 마음이 뭉클해진다. 폐지를 주워 판 돈으로 기부하고, 연탄 배달 봉사를 하는 이들의 마음속에는 진정한 이웃 사랑과 연민이 깃들어 있다.

오늘 복음에 나오는 부자는 법을 어기거나 다른 사람에게 피해를 주는 행위는 하지 않았지만, 좋은 옷을 입고 날마다 즐겁고 호화롭게 살았다. 물질의 풍요로움을 누리는 것이 죄는 아닐 것이다. 그러나 저승에서 그가 받은 고통은 주변의 고통을 외면한 무관심 때문이었을 것이다. 라자로의 비참함을 인지하지 못하고 공감하지 못했던 메마른 마음은 그를 고통으로 이끌었다.

공감은 관계를 맺는 가장 기본적인 감정으로, 상대방을 관찰하고 관심을 두는 것에서 시작된다. 그동안 나는 과연 주변 사람들에게 무관심하지 않았는가? 그들의 아픔과 기쁨에 귀 기울였는가? 예수님의 가르침, 이웃 사랑의 진정한 의미를 다시 생각해 본다.

**실천**

스마트폰을 잠시 내려놓고 기도하며,
예수님과 함께 사순 시기 걷기를 실천합니다.

# 오늘의 복음(루카 16,19-28)을 쓰겠습니다.

# 3월 21일 사순 제2주간 금요일

저자가 상속자다. 자, 저자를 죽여 버리자.

(마태 21,38)

**묵상**

우리 삶은 하느님께서 보내 주신 포도밭이고 우리는 그 밭의 일꾼과 같다. 우리는 관심받는 주인공이 되고 싶어 한다. 주인공이 되고 싶은 것은 '남'에게 인정받기 위함으로, 주체가 '타인'이다. 그래서 요즈음에는 SNS상의 '좋아요'에 목메는 것이 아닌가 한다. 반면에 내가 주인공이 되어 산다는 것은 인생의 주체가 타인이 아닌 '나'임을 인식하는 것이다. 하느님께서 주신 나의 잠재력을 개발하고 나의 부족함을 고백하며, 하느님을 믿고 사는 겸손의 삶일 것이다. '나'라는 참자아는 내 안에 계신 하느님이다. 참자아를 찾아가는 작업은 곧 하느님을 만나는 일이다.

남을 의식하는 삶은 열등감이 커서 남과 비교하기 때문이며, 반대로 자존감은 낮아진다. 누구나 어느 정도의 열등감을 갖고 살아간다. 흔히 열 명 중에서 나를 미워하는 사람은 세 명 정도라고 한다. 그래서 살면서 미움받을 용기도 필요하다.

하느님께서 주신 이 포도밭에서 나의 역할은 무엇일까? 하느님께서 나를 통해 일하실 수 있도록 나의 마음을 먼저 열어야겠다.

**실천**

스마트폰을 잠시 내려놓고 기도하며,
예수님과 함께 사순 시기 걷기를 실천합니다.

# 오늘의 복음(마태 21,33-43)을 쓰겠습니다.

# 3월 22일 사순 제2주간 토요일

아버지, 제가 하늘과 아버지께 죄를 지었습니다.

(루카 15,18)

**묵상**

성경에서 형제 간의 갈등에는 카인과 아벨, 에사우와 야곱, 요셉과 형제들, '되찾은 아들의 비유'에서의 큰아들과 작은아들 등이 있는데, 그들은 경쟁과 질투심의 상징으로 보이며 용서를 떠올리게 한다.

렘브란트의 「탕자의 귀향」 그림에서 아버지와 무릎 꿇은 작은아들의 모습은 밝은 빛으로, 큰아들은 어두운 빛으로 그려져 시선을 끈다. 남루한 모습의 작은아들을 감싸고 있는 인자한 아버지의 손은 화해와 용서, 그리고 치유를 뜻한다. 아버지의 두 손은 의도적으로 다르게 그려졌음을 알 수 있는데, 아들의 어깨를 만지는 왼손은 강한 남성의 손이며, 오른손은 부드럽고 섬세한 손으로 여성의 손이다. 하느님의 사랑이 부성애인 동시에 모성애인 완전한 사랑임을 보여 준다. 아버지 품에 안겨 참회의 눈물을 흘리는 작은아들을 보면서, 끝없이 베푸는 아버지와 어머니의 사랑을 느낀다. 부모의 자식 사랑은 마르지 않는 샘과 같다. 퍼 주고 또 퍼 줘도 끊임없이 샘솟는 샘물처럼 하느님의 사랑이 그렇다.

**실천**

스마트폰을 잠시 내려놓고 기도하며,
예수님과 함께 사순 시기 걷기를 실천합니다.

# 오늘의 복음(루카 15,11ㄴ-21)을 쓰겠습니다.

# 3월 23일 사순 제3주일

너희도 회개하지 않으면 모두 멸망할 것이다.

(루카 13,5)

**묵상**

회개는 단순히 잘못을 인정하는 것이 아니라 우리의 내면을 깊이 들여다보는 과정이다. 바오로 사도는 그리스도교 신자들을 박해하는 데 앞장섰지만, 다마스쿠스로 가는 길에서 예수님 체험 후 복음 선포자가 되었다. 그는 예수님을 직접 만났다기보다 말씀과 전하는 소문을 체험함으로써 회개했다. 반면, 베드로 사도는 예수님의 제자로서 가까이에서 따르면서도, 두려움 때문에 예수님을 세 번이나 부인했다가 회개를 통해 예수님께 돌아왔다.

회개에는 직면하는 용기가 필요하다. 직면한다는 것은 마치 벌거벗는 것처럼 두렵고 힘든 일이다. 우리는 종종 심리적인 방어기제를 사용해 직면을 피하고 자신을 보호하려 한다. 자식들을 내 뜻에 따르도록 통제하고, 나의 부족함을 회피하고 합리화시키는 것은 방어기제의 일환인 것 같다. 진정한 회개를 위해서는 성찰과 함께 고백하는 과정이 필요하다. 잘못을 인정하고 말로 고백, 표현하는 것은 치유의 시작이다. 그래서 고해성사가 우리를 변화시키고 성장하게 하는 중요한 과정임을 깨닫게 된다.

**실천**

스마트폰을 잠시 내려놓고 기도하며,
예수님과 함께 사순 시기 걷기를 실천합니다.

# 오늘의 복음(루카 13,1-9)을 쓰겠습니다.

# 3월 24일 사순 제3주간 월요일

어떠한 예언자도 자기 고향에서는 환영을 받지 못한다.

(루카 4, 24)

**묵상**

확증편향은 세상을 바라보는 방식을 왜곡시키는 교묘한 함정이다. 내 가치관, 신념, 판단에 부합하는 정보만을 취합하여 세상을 단편적으로 이해하게 만든다. 학력, 경력, 명성, 외모 등 외적인 기준으로 사람을 평가하고, 자신이 보고 싶은 것만 보며, 믿고 싶은 것만 믿는다. 특히 디지털 매체의 발달은 이러한 경향을 더욱 심화시켜, 극단적인 사고를 부추기고 사회의 분열을 가속화한다. '일엽장목一葉障目'은 나뭇잎 하나로 눈을 가리면 태산을 보지 못한다는 말로, 편협한 시각으로 인해 본질을 깨닫지 못한다는 뜻이다.

예수님은 목수의 아들에 나사렛의 평범한 청년으로 사람들이 다 아는 인물이었다. 고향 사람들은 그의 외적인 면만 알고 그가 누구인지 본질을 알려고 하지 않았다. 그래서 예수님도 그 당시 사람들의 편견에 시달리셨나 보다. 고향에서 배척당하는 장면은 그때나 지금이나 사람들의 왜곡된 사고가 집단 최면을 유도하고 있다는 것을 알 수 있게 해 준다.

**실천**

스마트폰을 잠시 내려놓고 기도하며,
예수님과 함께 사순 시기 걷기를 실천합니다.

# 오늘의 복음(루카 4,24ㄴ-30)을 쓰겠습니다.

# 3월 25일 주님 탄생 예고 대축일

보라,
이제 네가 잉태하여 아들을 낳을 것이다. (루카 1,31)

**묵상**

세상에서 가장 아름다운 이름, '어머니'. 어머니를 '모신母神'이라고 하는 말이 있다. 잉태되는 순간 자식에게 어머니는 신이다. 교회에는 육친의 어머니를 넘어 영혼의 어머니가 계신다.

오늘 복음에서 성모님은 천사의 인사말에 몹시 놀라셨고, 그 뜻을 곰곰이 생각하셨다고 한다. 잉태라는 큰 사건은 쉽게 받아들일 수 없는 황당한 일이었기에, 심사숙고한 끝에 "저는 주님의 종입니다. 말씀하신 대로 저에게 이루어지기를 바랍니다."(루가 1,38)라고 하느님께 순종하기로 결심하셨다. 그의 순종은 예수님이 우리에게 오시는 길을 열었고, 하느님의 아들로서 수태되게 하였다.

프란치스코 교종은 「사랑의 기쁨」에서 "모든 아이는 언제나 하느님의 마음속에 자리 잡고 있으며, 수태되는 순간에 창조주의 영원한 꿈이 이루어집니다. 수태되는 순간부터 태아가 얼마나 위대한 가치를 지닌 존재인지를 생각해 봅시다! 우리는 하느님 아버지와 같은 사랑의 눈길로 태아를 바라보아야 합니다. 하느님께서는 언제나 겉모습 이상의 것을 보십니다."라고 하셨다.

**실천**

스마트폰을 잠시 내려놓고 기도하며,
예수님과 함께 사순 시기 걷기를 실천합니다.

# 오늘의 복음(루카 1,26-38)을 쓰겠습니다.

# 3월 26일 사순 제3주간 수요일

## 율법을 완성하러 왔다.

(마태 5,17)

**묵상**

예수님의 가르침은 율법과 다르지 않으며, 율법을 완성하는 것이다. 완성이란 강화하는 것, 부족함을 채우는 것이라고 볼 수 있다. 즉, 율법의 완성은 율법의 부족함을 채우는 것으로, 그 부족함은 인간다움이다. 인간다움의 본질은 사랑으로, 하느님 사랑과 이웃 사랑이라고 볼 수 있다.

오늘날 디지털기기의 발달과 함께 인공지능의 초고속 진화는 인공지능이 인간을 지배할지도 모른다는 불안감을 안겨 준다. 하지만 이제 인공지능을 외면하고 살 수는 없다. 인공지능을 어떻게 활용할지에 대해 교회에서도 고민해야 한다. 프란치스코 교종은 '인공지능과 평화'라는 세계평화의 날 담화에서 인공지능이 인간의 존엄성을 증진시키고 강력한 소수가 아닌 모두에게 혜택을 주는 방향으로 개발, 사용되어야 한다고 하셨다.

인간성을 잃지 않고 인간답게 살기 위해서는 참된 인성의 계발이 필요하며, 그 정점에는 영성이 있다. 결국, 사랑과 영성이 결합된 인공지능 활용은 인간다운 삶을 위한 열쇠가 될 수 있다.

**실천**

스마트폰을 잠시 내려놓고 기도하며,
예수님과 함께 사순 시기 걷기를 실천합니다.

# 오늘의 복음(마태 5,17-19)을 쓰겠습니다.

# 3월 27일 사순 제3주간 목요일

내 편에 서지 않는 자는 나를 반대하는 자다.

(루카 11,23)

## 묵상

여호수아는 이스라엘 백성에게 "누구를 섬길 것인지 오늘 선택하여라."(여호 24,15)라고 외쳤다. 나무가 죽은 가지를 스스로 떨구듯, 옳지 않은 것과 결별할 결단력이 필요하다. 하느님 나라보다 세상의 성공을 추구하는 삶 속에서, 주님과 세상 중 누구를 선택할 것인지 진지하게 고민해야 한다.

2023년 천주교 신자들의 주일미사 평균 참례율은 13.5%로, 이는 100명 중 13명이 미사를 드렸다는 의미이다.(한국 천주교 통계 2023) 나도 가끔은 미사 참례가 귀찮아 쉬고 싶을 때가 있다. 게으름 때문이다. 그러나 양다리란 없다. 예수님께 전적으로 순종할 것인지 아니면 불충할 것인지를 분명히 결정해야 한다. 이것은 우리의 신앙의 본질적인 문제이다.

냉담하면서도 하느님을 잊지 않았다고 주장하는 이들이 있다. 단지 여러 가지 이유로 성당에만 안 갈 뿐이라고. 그들은 예수님 편이고 예수님과 함께한다고는 말하지만 실제로는 예수님께 가까이 다가가지 않으려는 것이다.

## 실천

스마트폰을 잠시 내려놓고 기도하며,
예수님과 함께 사순 시기 걷기를 실천합니다.

# 오늘의 복음(루카 11,14-23)을 쓰겠습니다.

# 3월 28일 사순 제3주간 금요일

마음을 다하고 목숨을 다하고 정신을 다하고 힘을 다하여
주 너의 하느님을 사랑해야 한다. (마르 12,30)

## 묵상

솔로몬왕은 꿈에서 하느님께 '듣는 마음'을 주시어 백성을 통치
하고 선과 악을 분별하게 해 달라고 청했다. 그 결과 하느님께서
는 솔로몬에게 지혜와 분별하는 마음을 주셨다.

견진성사 교리를 마치며 신부님이 질문하셨다. "교리의 가르침을
한마디로 말하면 무엇인가?" 여러 대답 중 신부님이 원했던 답은
'잘 들어라.'였다. 이는 예수님의 말씀을 잘 듣는 것뿐 아니라 사
람들과의 관계에서도 중요한 의미를 지닌다.

듣기만 잘해도 대인 관계의 90%는 성공이다. 주변에서 인기 있
는 사람을 보면 대부분 남의 이야기를 잘 들어 주는 사람이다.
잘 듣는 것, 즉 경청은 상대방을 섬기는 자세로 몸과 마음, 온 힘
을 다해서 듣는 것을 뜻한다. 말뿐 아니라 눈짓, 몸짓까지도 잘
보고 듣는 것이다. 선택적 배려를 하거나 내가 듣고 싶은 것만 듣
는 것이 아니라 상대방에게 온전히 봉헌하는 것이다.

오늘 하루 상대방의 말을 듣고, 내 방식으로 해석하고 판단하지
는 않았는지 되돌아본다.

## 실천

스마트폰을 잠시 내려놓고 기도하며,
예수님과 함께 사순 시기 걷기를 실천합니다.

# 오늘의 복음(마르 12,28ㄱㄷ-34)을 쓰겠습니다.

# 3월 29일 사순 제3주간 토요일

그 바리사이가 아니라 이 세리가 의롭게 되어 집으로 돌아갔다.

(루카 18,14)

**묵상**

지하철에서 스마트폰에 집중하는 현대인들 속에서, 과거의 묵주 기도 하는 모습은 이제 찾아보기 힘든 풍경이 되었다. 진정한 기도의 의미는 무엇일까?

예수님은 바리사이의 위선을 지적하셨다. 도덕적으로 완벽하다고 자부하는 그들은 오히려 자신의 결점을 보지 못하고 남을 판단하는 데에 열중했다. 그들은 기도를 통해 자신의 의로움을 드러내려고 했지만, 예수님은 "먼저 네 눈에서 들보를 빼내어라."(루카 6,42)라고 말씀하셨다. 이는 자신을 돌아보고 겸손하게 하느님 앞에 나아가라는 초대이다.

반면 세리는 하늘을 향해 가슴을 치며 기도했다. 자신의 죄를 인정하고, 부족함을 고백하며 하느님께 의탁하는 그의 모습은 진정한 회개의 아이콘이다. 세리는 자신을 낮추는 겸손한 마음으로, 하느님께서 주시는 은총을 간절히 간구했다.

남을 의식하고 판단하기보다 자신을 돌아보며, 하느님과의 관계를 더욱 돈독하게 맺으며 신앙을 지켜야겠다.

**실천**

스마트폰을 잠시 내려놓고 기도하며,
예수님과 함께 사순 시기 걷기를 실천합니다.

# 오늘의 복음(루카 18,9-14)을 쓰겠습니다.

# 3월 30일 사순 제4주일

너는 늘 나와 함께 있고
내 것이 다 네 것이다. (루카 15,31)

## 묵상

열 손가락 깨물어 안 아픈 자식이 없다고 한다. 그러나 실제로 부
모의 입장에서는 안쓰러워 마음 쓰이는 자식이 있기 마련이다.
심리학자 아들러의 '출생 순위' 이론에 따르면 자녀들은 태어난
순서에 따라 성격이 형성된다고 한다. 첫째 아이는 부모의 관심
을 많이 받으며 자라서 책임감이 강하고 보수적인 성향을 보인
다. 둘째 아이는 창의적으로 자유롭게 성장할 수 있지만, 부모의
관심과 사랑을 얻기 위한 질투심으로 경쟁적인 성향을 지니게 된
다. 이처럼 자녀는 부모와 끈끈한 유대감으로 태어났지만, 시간
이 지나면서 부모와 자녀는 애증 관계가 될 수도 있다.
이스라엘에는 맏아들에게 재산을 상속하는 관습이 있다. '되찾
은 아들의 비유' 속에서 아버지는 섭섭해하는 큰아들을 따뜻하
게 달래며 "내 것이 다 네 것이다."(루카 15,31)라고 말한다. 아픈 손
가락인 둘째 아들에 대한 연민뿐 아니라 성실하게 살아온 큰아
들에 대한 배려가 보인다. 부모의 사랑은 무한하며, 하느님의 사
랑도 그렇다.

## 실천

스마트폰을 잠시 내려놓고 기도하며,
예수님과 함께 사순 시기 걷기를 실천합니다.

# 오늘의 복음(루카 15,22-32)을 쓰겠습니다.

# 3월 31일 사순 제4주간 월요일

가거라. 네 아들은 살아날 것이다.

(요한 4,50)

**묵상**

왕실 관리가 죽어 가는 아들을 살리기 위해 예수님을 만나려고 애썼던 이야기는 부모로서 자식의 고통을 지켜보는 것이 얼마나 큰 아픔인지를 잘 보여 준다. 그의 마음속에는 절박함이 자리 잡고 있었고, 예수님의 "네 아들은 살아날 것이다."라는 말씀을 전적으로 믿고 기다리는 모습을 통해 그의 믿음이 확고했음을 알 수 있다.

미사 중 앞자리에 앉은 교우의 매일 미사 책 앞표지에 적힌 '버티면서 매달리자.'라는 글귀가 시선을 끌었다. 그 교우가 어떤 상황에 처해 있는지 알 수는 없었지만, 그 간절함을 통해 예수님이 구원자라는 사실을 절대적으로 믿고 있다는 것을 느낄 수 있었다.

지난 세월을 되돌아보면, 삶의 굽이굽이마다 예수님께서는 우리에게 알게 모르게 표징을 보내셨다. 어려움을 겪을 때마다, 내 계획이 아닌 하느님의 시간표대로 모든 것이 이루어졌음을 깨달았다. 그럴 때마다 예수님께 모든 것을 맡기고 그분께 희망을 두며 살고 싶다.

**실천**

스마트폰을 잠시 내려놓고 기도하며,
예수님과 함께 사순 시기 걷기를 실천합니다.

# 오늘의 복음(요한 4,43-53)을 쓰겠습니다.

# 4월 1일 사순 제4주간 화요일

## 그 사람은 곧 건강하게 되었다.

(요한 5,9)

**묵상**

서른여덟 해 동안이나 병을 앓고 있던 환자는 예수님께 자신의 상처를 드러내며 하소연한다.

인간은 누구나 외롭고 고독한 존재이다. 탯줄을 끊고 나오는 순간 세상에 홀로 서야 한다는 불안감을 안고 살아간다. 그러다 보면 누구나 알게 모르게 어린 시절의 상처를 지니고 산다. 이런 상처가 치유되지 않고 어른이 되면, 몸은 어른이 되었지만 마음속에는 여전히 자라지 못한 상처 받은 아이가 웅크리고 있다고 한다. 이 아이를 '내면 아이'라고 한다. 이 '내면 아이' 때문에 우리는 갈등이나 스트레스 상황에 부딪히면 관계의 어려움, 집착, 분노, 자기 연민에 빠져 부정적인 행동을 하게 된다.

상처는 얼음과 같다고 한다. 감추고 있으면 콕콕 찌르지만 끄집어내어 놓으면 녹아서 없어진다.

고해성사를 통해 잘못된 습관을 고백하고, 해결되지 못한 상처를 예수님께 드러내어 치유하는 시간을 가지며, 우리 안에 계시는 예수님을 만나는 사순 시기가 되었으면 한다.

**실천**

스마트폰을 잠시 내려놓고 기도하며,
예수님과 함께 사순 시기 걷기를 실천합니다.

# 오늘의 복음(요한 5,1-13)을 쓰겠습니다.

# 4월 2일 사순 제4주간 수요일

아버지께서는 아들을 사랑하시어
당신께서 하시는 모든 것을 아들에게 보여 주신다. (요한 5,20)

**묵상**

성경에서는 예수님의 신원을 아버지와의 관계를 통해 나타낸다.
예수님께서는 하느님 아버지의 사랑받는 아들로서, 그분의 뜻을
기도 안에서 늘 헤아리고, 그분 뜻에 따라 당신 사명을 수행하신
분이다.

예수님은 수난당하시기 전에 군중들에게 자신이 누구인지 신원
을 알려 주려고 애쓰신다. 사람들이 인정하지 않아서일까?

인간이 신이라고 하는 것은 신성모독이다. 그런데 하느님께서는
왜 직접 오시지 않고 예수님을 보내셨을까?

성자 예수님은 하느님의 육화이다. 인간의 형상을 한 하느님이
시다. 십자가에 못 박히는 모습을 통해 같은 인간임을 보여 주며
죽음으로 육화를 증명하시는 것이다.

성령은 예수님의 신성화이며, 성부 성자와 함께 삼위일체이신 하
느님이라고 이해한다. 따라서 하느님과 함께하는 삶, 이것이 바
로 영성일 것이다.

**실천**

스마트폰을 잠시 내려놓고 기도하며,
예수님과 함께 사순 시기 걷기를 실천합니다.

# 오늘의 복음(요한 5,17-25)을 쓰겠습니다.

# 4월 3일 사순 제4주간 목요일

## 성경이 나를 위하여 증언한다.

(요한 5, 39)

**묵상**

전 세계의 베스트셀러이자 스테디셀러인 성경은 그저 종이와 잉크로 이루어진 책이 아니다. 성경에는 깊은 진리와 지혜가 담겨 있으며, 읽는 이의 삶에 지대한 영향을 미치는 살아 있는 말씀이다. "말씀은 하느님과 함께 계셨는데 말씀은 하느님이셨다."(요한 1,1)라는 구절처럼, 성경은 우리와 하느님을 연결하는 중요한 매개체이다.

성경은 눈으로 읽는 것이 아니라, 온몸과 마음으로 읽고 느껴야 하는 책이다. 각자의 상황과 마음에 따라 다르게 해석되며, 현재 나에게 말씀하시는 하느님의 음성을 들려준다.

아는 자매가 남편의 폭력에 시달리며 여러 번 집을 나갔다가 돌아오곤 했다. 그녀는 마지막 방법으로 성경을 읽기로 결심하고, 새벽마다 성경을 읽기 시작했다. 그렇게 다섯 번을 통독하자 놀랍게도 남편은 더는 폭력을 행사하지 않았고, 함께 신앙생활을 하게 되었다고 한다.

이처럼 성경은 우리를 변화시키고 성장시키는 힘이 있다.

**실천**

스마트폰을 잠시 내려놓고 기도하며,
예수님과 함께 사순 시기 걷기를 실천합니다.

# 오늘의 복음(요한 5,31-42)을 쓰겠습니다.

# 4월 4일 사순 제4주간 금요일

그들은 예수님을 잡으려고 하였다.
그러나 그분의 때가 아직 오지 않았다. (요한 7,30)

**묵상**

이자벨 미뇨스 마르틴스의 그림책 『씨앗 100개가 어디로 갔을
까』는 희망과 인내의 메시지를 전한다. 이 책에서 나무는 꿈과 희
망을 품고 씨앗 100개를 날려 보낸다. 나무는 싹이 나기를 기다
리지만, 씨앗들은 도로와 바위, 강물에 떨어지거나 새들에게 먹
히고, 벌레의 둥지가 되기도 한다. 다람쥐가 가져가고, 말라 죽기
도 하여 결국 단 한 개의 씨앗만 자라게 된다. 그러나 그마저도
토끼에게 먹히고 말지만 나무는 실망하지 않는다. 모든 일이 잘
될 것이라는 믿음으로 묵묵히 기다린다. 시간이 지나면서, 씨앗
을 먹은 새들이 여기저기에 씨앗 똥을 싸고, 바위틈에 떨어진 씨
앗들도 깨어나기 시작한다. 또 숨겨져 있던 씨앗들도 싹이 터서
열 그루의 나무로 자라난다. 나무는 이미 모든 것을 알고 있었다.
흔들림 없이 기다리면 모든 일이 잘될 것이라는 사실을.
하느님께서는 문을 열어 놓고 우리를 기다리신다. 지난 시간을
돌아보면, 기쁠 때나 슬플 때나 언제나 하느님은 내 곁에 계셨다.
하느님에 대한 믿음이 우리에게 새로운 희망으로 다가온다.

**실천**

스마트폰을 잠시 내려놓고 기도하며,
예수님과 함께 사순 시기 걷기를 실천합니다.

# 오늘의 복음(요한 7,1-2.10.25-30)을 쓰겠습니다.

# 4월 5일 사순 제4주간 토요일

메시아가 갈릴래아에서 나올 리가 없지 않은가?

(요한 7,41)

**묵상**

사람들은 메시아를 기다렸다. 유대인들에게 메시아는 특별하고 일반 사람들과는 다른 존재여야 했다. 그래서 나와 같은 사람이 메시아라는 사실을 받아들이기 힘들었을 것이다. 예수님을 메시아로 믿는 이들이 있었던 반면, 수석 사제들과 바리사이들, 종교 지도자 중에는 그를 의심하는 이들도 많았다. 사람들은 군중심리에 휩싸여 저마다 집으로 돌아가 버렸다. 하느님의 본모습이 무엇인지 알지 못했기에, 그들은 영웅이나 신비스러운 우상을 갈구했던 것이다.

오늘날에도 온라인에서 상대를 공격하고 막말을 퍼붓는 모습을 목격한다. 인터넷과 SNS에서 등장하는 악성 댓글은 익명성과 표현의 자유를 내세우며, 감정과 가짜 뉴스를 여과 없이 대중에게 쏟아 낸다. 그로 인해 피해를 입은 이들은 심한 스트레스를 겪으며, 정신적인 고통에 시달리거나 극단적인 선택을 하기도 한다. 그 당시나 지금이나 대중들은 혼자가 되는 두려움과 외로움을 피하고자 군중 속으로 숨어드는 것은 아닐까?

**실천**

스마트폰을 잠시 내려놓고 기도하며,
예수님과 함께 사순 시기 걷기를 실천합니다.

# 오늘의 복음(요한 7,40-53)을 쓰겠습니다.

# 4월 6일 사순 제5주일

너희 가운데 죄 없는 자가 먼저 저 여자에게 돌을 던져라.

(요한 8,7)

## 묵상

자신이 하는 말과 행동은 다 옳고 바르다고 생각하는 사람들이 있다. 이러한 증세를 '정의 중독'이라 하는데, 이런 증세에 빠지면 자기 기준으로 모든 것을 판단하고, 그 기준에 맞지 않는 것은 단죄해 버린다. "어떻게 저런 짓을 할 수 있어?"라고 하며 자신의 기준에 맞춰 저런 짓은 말도 되지 않고 틀린 것이라고 생각한다. 그래서 타인을 절대 용서하지 못하게 된다. 용서하지 못하는 마음 때문에 상대방에게 심한 말을 퍼붓고 선을 넘는 비난과 욕설을 하기도 한다.

나만 옳고 남은 틀렸다는 것, 이러한 '정의 중독'은 이렇게 가해자가 되어 상대방을 피해자로 만들어 버린다. 우리는 자신이 오늘 복음에 나오는 율법학자나 바리사이들처럼 '정의 중독'에 빠져 있지는 않은지 반성해야 한다.

## 실천

스마트폰을 잠시 내려놓고 기도하며,
예수님과 함께 사순 시기 걷기를 실천합니다.

# 오늘의 복음(요한 8,1-11)을 쓰겠습니다.

# 4월 7일 사순 제5주간 월요일

나는 세상의 빛이다.

(요한 8,12)

**묵상**

어느 날 한 시각장애인이 등불을 켜 들고 밤길을 나섰다. 자신은 비록 불빛을 보지 못하지만 다른 사람이라도 자신이 들고 있는 등불 빛을 보고 부딪치지 말라는 의미였다. 그렇게 하고 한참을 가는데 어떤 사람과 그만 "탁!" 하고 부딪치고 말았다. 그는 화를 내었다. "당신은 눈도 없소? 나는 시각장애인이라 앞을 못 보지만 당신은 내가 들고 있는 이 등불도 보지 못하시오?" 그러나 부딪친 사람이 손으로 시각장애인이 손에 등불을 들고 있는 것을 확인하고는 다음과 같이 말했다. "자네가 들고 있는 등불은 이미 꺼졌네." 그는 등불을 들고는 있지만 이미 꺼진 줄 모르고 들고 다녔던 것이다.

꺼진 것을 모르고 사니까 세상이 어두워지는 것이다. 그러나 우리는 어둠 속을 걷지 않고 생명의 빛을 얻은 빛의 자녀이며 낮의 자녀임을 잊어서는 안 될 것이다.

**실천**

스마트폰을 잠시 내려놓고 기도하며,
예수님과 함께 사순 시기 걷기를 실천합니다.

# 오늘의 복음(요한 8,12-20)을 쓰겠습니다.

# 4월 8일 사순 제5주간 화요일

너희는 사람의 아들을 들어 올린 뒤에야
내가 나임을 깨달을 것이다. (요한 8,28)

**묵상**

가톨릭 사제이며 21세기에 가장 영향력을 미친 영성가 중에 한 분인 헨리 나웬 신부에 따르면, 사람들에게 '당신은 누구십니까?'라고 물으면 대부분 세 가지로 답한다고 한다. 어떤 사람은 나는 누구인가를 "나는 무엇을 가지고 있는가?"라고 하는 '소유'로 정의하기도 하고, 또 "나는 무엇을 할 수 있는가?"와 같은 '능력'으로 정의하기도 하며, 또 어떤 사람은 "다른 사람이 나에 대해 무엇이라고 말하는가?"라고 하는 '타인의 평가'로 자신이 누구인가를 정의한다고 한다. 그러나 헨리 나웬 신부는 "나의 소유, 나의 능력, 타인의 평가가 정말 내가 누구인가를 결정할 수 있는가?"라고 질문한다. 오늘 복음에서 "당신은 누구요?" 하는 질문에 오직 하느님 아버지께서 가르쳐 주신 대로 말하고 그분 마음에 드는 일을 하는 사람이어야 한다고 말씀하신다.

우리는 자신의 정체성을 무엇으로 규정하고 있는가? 자신을 세상에 보내 주신 하느님과 함께하는 존재임을 깨닫는 사람은 언제나 그분 마음에 드는 일을 하는 신앙인이 될 것이다.

**실천**

스마트폰을 잠시 내려놓고 기도하며,
예수님과 함께 사순 시기 걷기를 실천합니다.

# 오늘의 복음(요한 8,21-30)을 쓰겠습니다.

# 4월 9일 사순 제5주간 수요일

진리가 너희를 자유롭게 할 것이다.

(요한 8, 32)

**묵상**

진정으로 위대한 사람은 애덕을 많이 쌓은 사람이다.

진정으로 높은 사람은 자신을 작게 보고, 세상의 모든 존귀한 영예를 덧없는 것으로 보는 사람이다.

진정으로 슬기로운 사람은 그리스도를 얻기 위하여 세상의 모든 것을 "쓰레기로"(필리 3,8) 여기는 사람이다.

진정으로 유식한 사람은 자기의 뜻을 버리고, 하느님의 거룩한 뜻을 따르는 사람이다.

(준주성범, 1:3:6)

**실천**

스마트폰을 잠시 내려놓고 기도하며,

예수님과 함께 사순 시기 걷기를 실천합니다.

# 오늘의 복음(요한 8,31-41)을 쓰겠습니다.

# 4월 10일 사순 제5주간 목요일

내 말을 지키는 이는 영원히 죽음을 보지 않을 것이다.

(요한 8,51)

**묵상**

어떤 청년이 사랑하는 여인에게 장미꽃을 전달할 때 그 여인이
그 꽃을 받고 기뻐한다면 청년의 사랑이 확인되고 서로 사랑하
는 사이가 된다. 하지만 그 여인이 장미꽃을 가시 달린 아픔과 고
통의 꽃으로 인식한다면 청년에게 화를 내고 떠나 버릴 것이다.
서로 코드가 맞지 않으면 소통이 되지 않는다.
예수님과 유다인 사이에 소통이 되지 않는 것은 코드가 맞지 않
았기 때문이다. 예수님은 영적인 말씀을 하시는데, 유다인들은
육적으로 해석하기 때문에 이해하지 못하고 오히려 예수님을 죽
이려 한다. 사순절에 모든 신자들은 십자가를 바라본다. 그런데
십자가의 의미를 잘 이해하지 못하거나 거부한다면 십자가는 한
낱 액세서리에 불과하다. 십자가는 남을 위한 자기희생이면서,
고통 자체인 동시에 진정한 사랑으로 드러나야 한다.

**실천**

스마트폰을 잠시 내려놓고 기도하며,
예수님과 함께 사순 시기 걷기를 실천합니다.

# 오늘의 복음(요한 8,51-59)을 쓰겠습니다.

# 4월 11일 사순 제5주간 금요일

아버지께서 내 안에 계시고 내가 아버지 안에 있다는 것을
너희가 깨달아 알게 될 것이다. (요한10,38)

**묵상**

예수님이 당신 자신을 하느님의 아들이라고 하셨다고 해서 유다
인들은 신성모독죄를 뒤집어씌워 그분을 돌로 쳐서 죽이려 한다.
예수님이 좋은 일을 하셨는데도 하느님을 모독했다는 것이다.
유다인들은 자신들의 기득권을 지키기 위해 자기들에게 걸림돌
이 되는 죄 없는 분을 죽음으로 몰아간다.

자신의 이익을 위해, 기득권을 유지하기 위해, 편견과 아집에 사
로잡힌 사람들로 인해 예수님은 지금도 십자가에 못 박혀 죽어
가고 계신다. 사순절에 우리 자신을 묵상하고 성찰하면서 내가
예수님을 향해 돌을 던지고 십자가에 못 박고 있지는 않은지 반
성해 본다.

**실천**

스마트폰을 잠시 내려놓고 기도하며,
예수님과 함께 사순 시기 걷기를 실천합니다.

# 오늘의 복음(요한 10,31-41)을 쓰겠습니다.

## 4월 12일 사순 제5주간 토요일

예수님께서 흩어져 있는 하느님의 자녀들을
하나로 모으시려고 돌아가시리라는 것이다. (요한 11,52)

**묵상**

죽은 라자로를 살려 내신 예수님의 소생 기적으로 인해 당시 기
득권 세력이었던 수석 사제들과 바리사이들은 위기의식을 느끼
고 마침내 예수님을 죽이기로 작정한다. 많은 사람이 죽는 것보
다 한 사람이 죽는 것이 낫다는 카야파 대사제의 말은 매우 합리
적으로 들리지만, 자기들이 살기 위해 무고한 예수님을 죽인 책
임은 면할 수 없다.

우리는 부지불식간에 남이 잘못되면, 남이 불행해지면 내가 잘되
고 행복해질 거라는 무서운 생각을 할 때가 있다. 남이 잘되는 꼴
을 못 봐주는 사람도 있다. 사촌이 땅을 사면 배가 아프다는 속담
은 지금도 유효하다. 그렇지만 남이 잘돼야 나도 잘되고 남이 행
복해야 나도 행복해지는 것이 진실이다. 남을 희생양으로 삼을 때
우리는 행복해질 수 없다. 내 이웃의 행복이 바로 나의 행복이다.

**실천**

스마트폰을 잠시 내려놓고 기도하며,
예수님과 함께 사순 시기 걷기를 실천합니다.

# 오늘의 복음(요한 11,45-54)을 쓰겠습니다.

# 4월 13일 주님 수난 성지 주일

사람의 아들은 정해진 대로 간다.

(루카 22,22)

**묵상**

우리는 살면서 예기치 못한 고통과 역경을 겪지만, 주님은 우리와 함께하심을 믿는다. 왜냐하면 예수님은 죽음으로 모든 것이 끝난 것이 아니라 부활하셨기 때문이다. 우리가 겪는 고통, 우리의 어깨에 지어진 십자가는 부활과 영광을 위한 조건임을 믿는 것이다.

작가 정채봉 선생은 '삶에 고통이 따르는 이유'를 다음과 같이 표현한 적이 있다. 생선이/소금에 절임을 당하고/얼음에 냉장을 당하는/고통이 없다면/썩는 길밖에 없다.

우리의 삶도 소금이나 얼음과 같은 고통을 겪음으로써 더욱 빛나고 다져진 인생이 될 수 있다는 사실을 생각하면서, 우리에게 주어진 십자가의 고통을 통해 예수님의 부활에 동참할 수 있도록 다짐해야 하겠다.

**실천**

스마트폰을 잠시 내려놓고 기도하며,
예수님과 함께 사순 시기 걷기를 실천합니다.

# 오늘의 복음(루카 22,14-24)을 쓰겠습니다.

# 4월 14일 성주간 월요일

이 여자를 그냥 놔두어라. 그리하여 내 장례 날을 위하여
이 기름을 간직하게 하여라. (요한 12,7)

**묵상**

죽은 라자로의 집에 찾아오신 예수님을 맞아 마리아는 비싼 순나르드 향유 한 리트라를 가져와 예수님의 발에 붓고 자기 머리카락으로 그 발을 닦아 드렸다. 그러자 온 집 안에 향유 냄새가 가득했다. 비싼 향유를 사랑하는 예수님을 위해 아낌없이 바쳤던 것이었다. 이 행위를 지켜보던 유다는 그 비싼 향유 값으로 가난한 이들에게 나누어 주는 것이 더 나았을 것이라며 마리아를 비난했다. 그러나 유다의 스승 예수님은 마리아에게 왜 쓸데없이 낭비하느냐고 나무라지 않으셨다.

사랑, 자비, 친절 등은 아무리 낭비해도 소진되지 않고 오히려 또다른 사랑과 자비로 이어지게 된다. 예수님을 향한 마리아의 지극한 사랑이 '거룩한 낭비'임을 깨닫는다. 우리도 이웃에게 거룩한 낭비를 통해 아름다운 향유 냄새로 가득한 세상을 만들면 좋겠다.

**실천**

스마트폰을 잠시 내려놓고 기도하며,
예수님과 함께 사순 시기 걷기를 실천합니다.

# 오늘의 복음(요한 12,1-11)을 쓰겠습니다.

# 4월 15일 성주간 화요일

너희 가운데 한 사람이 나를 팔아넘길 것이다.

(요한 13,21)

**묵상**

예수님은 제자들과의 최후 만찬에서 당신을 팔아넘길 자가 있다
고 예고하셨다. 적신 빵을 넘겨받은 자인 유다에게 사탄이 들어
갔다. 사탄은 이미 예수님의 공생활 시작 전 광야에서 피정을 하
실 때 찾아온 적이 있었다. 사탄은 하느님 말씀으로 무장하신 예
수님을 유혹하는 데 실패했다. 그러나 사탄은 멈추지 않고 다음
의 기회를 노렸다. 사탄은 최후 만찬 때 유다를 통해 또다시 유
혹의 손길을 뻗쳤다. 유다에게 사탄의 유혹은 '하느님을 떠보고
싶은 욕망'이었다. 하느님은 언제든 내 편이라고, 그분은 자신을
위해 아무 때나 어디에서나 무엇이든 해 줄 것이라는 생각은 큰
유혹이었고 되돌릴 수 없는 착각이었다. 원할 때면 언제든지 불
러내 자신의 바람을 들어주는 요술 램프를 가지고 싶은 욕망이
유다 마음속에 깊이 자리 잡고 있었다. 그래서 유다는 악마를 대
신해서 스승이신 예수님을 시험했다. 배반자 유다라고 손가락질
하는 우리는 과연 '하느님을 떠보고 싶은 욕망'에서 자유로울까?

**실천**

스마트폰을 잠시 내려놓고 기도하며,
예수님과 함께 사순 시기 걷기를 실천합니다.

# 오늘의 복음(요한 13,21ㄴ-31)을 쓰겠습니다.

# 4월 16일 성주간 수요일

"저는 아니겠지요?"

(마태 26,25)

**묵상**

유다 이스가리옷은 왜 예수님을 배신하고 은전 30냥에 팔아넘겼을까? 그는 예수님을 자극시키고 그분을 적들에게 넘겨 그분의 왕국이 오도록 선동하기 위해 그 일을 한 것이다. 그는 예수님을 잘못 이해했다. 예수님을 예수님으로 허락하지 않고 자기가 바라는 예수님이 되도록 그분을 배반한 것이다.

유다의 인간적인 계산이 문제였다. 그가 예수님의 제자가 된 이유는, 무력 혁명을 일으켜 이스라엘을 로마의 지배에서 구출하여 해방된 이스라엘이 되게 함이었다. 그는 이것을 위해 계획을 짜고 자기 나름대로 계산을 했지만 그대로 이루어지지 않았다. 예수님은 저항도 하지 않으셨고 하늘의 천사들에게 보호를 받지도 않으셨다. 그저 묵묵히 십자가의 고통을 겪으며 아버지께 자신을 내어 주고 원수를 용서하고 죽는 것뿐이었다. 우리도 신앙생활을 하면서 인간적 계산으로 하느님과 거래하거나 그분을 조정하려는 유혹을 받은 적은 없는가?

**실천**

스마트폰을 잠시 내려놓고 기도하며,
예수님과 함께 사순 시기 걷기를 실천합니다.

# 오늘의 복음(마태 26,14-25)을 쓰겠습니다.

# 4월 17일 주님 만찬 성목요일

예수님께서는 당신의 사람들을 끝까지 사랑하셨다.

(요한 13,1)

**묵상**

예수님께서는 왜 성체성사를 제정하셨을까? 그것은 우리 인간을 너무나 사랑하셨기 때문이다. 비천한 인간을 극진히 사랑하셨기 때문에 당신을 십자가상에서 희생하면서까지 당신의 몸과 피를 우리에게 내어 주신 것이다.

우리는 미사 때 성체를 영할 때마다 나를 위한 하느님 사랑을 체험한다. 내 삶의 모든 순간에 하느님은 나를 끊임없이 사랑해 주심을 깨닫는다. 마치 어린 아기를 품에 안은 부모가 날마다 아기에게 '사랑한다'라는 말을 하듯이, 하느님은 우리에게, 나에게 날마다 당신의 사랑을 전하신다. 여러분은 이러한 하느님의 사랑을 느끼고 깨닫고 있는지?

**실천**

스마트폰을 잠시 내려놓고 기도하며,
예수님과 함께 사순 시기 걷기를 실천합니다.

# 오늘의 복음(요한 13,1-10)을 쓰겠습니다.

# 4월 18일 주님 수난 성금요일 (금육과 단식)

## "다 이루어졌다."

(요한 19,30)

**묵상**

어떤 신부님의 체험담이다. 이 경험을 평생 잊지 못한다고 술회하기도 했다. 그가 한번은 서울에서 춘천으로 가는 기차를 탄 적이 있었다. 같은 좌석에 어린 꼬마와 고등학교에 다니는 여학생이 대화를 나누는 걸 옆에서 언뜻 들었다. 아마 꼬마는 이 여학생의 조카인 모양이었다. 이 꼬마는 대뜸 고등학생에게 다음과 같은 질문을 던졌다. "하느님은 언제 죽으셔?" 정말 어린이다운 질문이지 않은가? 여러분은 그 질문에 무어라고 대답하겠는가? 그러자 그 고등학생은 다음과 같이 대답했다. "하느님은 우리가 서로 사랑하지 않을 때 죽으셔. 왜냐하면 하느님은 사랑이시기 때문이야." 이 이야기를 듣는 순간 이 신부님은 무언가에 머리를 강하게 얻어맞은 느낌이었다고 한다.

**실천**

스마트폰을 잠시 내려놓고 기도하며,
예수님과 함께 사순 시기 걷기를 실천합니다.

# 오늘의 복음(요한 19,28-37)을 쓰겠습니다.

# 4월 19일 파스카 성야

어찌하여 살아 계신 분을
죽은 이들 가운데에서 찾고 있느냐? (루카 24,5)

**묵상**

신앙인의 삶은 <파스카의 삶>이다. 파스카가 신앙의 원칙이 되어야 한다. 그 신앙의 원칙에는 반드시 전제 조건이 있다. 그것은 자기희생, 자기 포기, 자기 버림이다.

자신을 희생하거나 포기하지 않고, 자기를 버리지 않는다면 결코 죽음에서 생명으로 넘어갈 수 없다. 어둠에서 빛으로 넘어갈 수 없다. 미움이 사랑으로, 불의가 정의로 변할 수 없다. 또한, 자기 중심이 이웃 중심으로, 거짓과 위선에서 진실로 건너갈 수 없다. 또한, 탐욕과 소유에서 나눔으로, 교만에서 겸손으로 넘어가기 위해서 자기희생과 자기 포기가 필요하다. 이것이 복음적인 삶이다.

**실천**

스마트폰을 잠시 내려놓고 기도하며,
예수님과 함께 사순 시기 걷기를 실천합니다.

## 오늘의 복음(루카 24,1-12)을 쓰겠습니다.

# 4월 20일 주님 부활 대축일

> 예수님께서
> 죽은 이들 가운데에서 다시 살아나셔야 한다. (요한 20,9)

**묵상**

어느 시인이 한 말이다.

"인생에서 부활을 체험한다는 것은 놀라운 은총이다."

곰곰이 생각해 보면 정말 맞는 말이다. 부활이란 예수님께서 죽었다가 살아나신 유일회적인 사건인데, 그것을 우리 인생에서 체험한다는 것, 죽었다가 살아나는 체험을 한다는 것은 은총 그 자체라 할 수 있다.

새로워지기 위해서는, 새로운 삶을 살기 위해서는 죽어야만 한다는 사실, 이것이 예수님의 죽음과 부활의 의미이다.

*사순 시기 동안 매일 복음을 쓴,*
*저희와 함께해 주신 주님께 감사드리며~~*

## 우리 모두 박수!!

# 오늘의 복음(요한 20,1-9)을 쓰겠습니다.

**글쓴이**

**김민수** 이냐시오 신부 (언론학 박사)
1985년에 사제서품을 받았고, 현재 상봉동성당 주임신부, 한국가톨릭문화
연구원 원장직을 맡고 있다. 저서로는 『디지털 시대의 문화 복음화와 문화
사목』(2008), 『아홉 성자의 선교 이야기』(2009), 『행복한 사람들』(2015), 『본
당사목, 문화를 입다』(2017), 『문화를 읽어주는 예수』(2020), 그리고 『문화를
읽으면 신앙이 보인다』(2025)가 있다.

**오현희** 세실리아 (교육학 석사, 상담심리학 석사)
천주교 서울대교구 혼인교리 강사로 활동했으며, 천주교 스마트쉼문화운
동본부 본부장을 역임했다. 저서로는 『사순 단상』(2022), 『사순묵상수첩』
(2023, 2024)이 있다.

**표지 그림_** 오현희 세실리아
**표지 그림 설명_** 2025년 희년, 희망의 길

2025년 사·순·묵·상·수·첩
# 희년, 희망의 순례자

펴낸 날_ 2025년 3월 5일

펴낸 곳_ 한국가톨릭문화연구원
주소_ [04537] 서울특별시 중구 명동길 80  명동 가톨릭회관 505호
연락처_ 010-8724-2012 (문자 메시지)

공급처_ 도서출판 평사리
전화 02-706-1970  팩스 02-923-1971  메일 hpiri2@hanmail.net
주 소 | 경기도 고양시 덕양구 중앙로588번길 16-16. 7층
출판신고 | 제313-2004-172 (2004년 7월 1일)
ISBN 979-11-6023-354-4 (03230)
가격은 표지에 있습니다

## 실천표 (2025년)

| ♥ | 3·5 | 3·6 | 3·7 | 3·8 |
|---|---|---|---|---|
| 복음 쓰기 | | | | |
| 묵주기도 | | | | |

| 사순 제1주간 | 3·9 | 3·10 | 3·11 | 3·12 | 3·13 | 3·14 | 3·15 |
|---|---|---|---|---|---|---|---|
| 복음 쓰기 | | | | | | | |
| 감사 일기 | | | | | | | |
| 사순 걷기 | | | | | | | |

| 사순 제2주간 | 3·16 | 3·17 | 3·18 | 3·19 | 3·20 | 3·21 | 3·22 |
|---|---|---|---|---|---|---|---|
| 복음 쓰기 | | | | | | | |
| 사순 걷기 | | | | | | | |

| 사순 제3주간 | 3·23 | 3·24 | 3·25 | 3·26 | 3·27 | 3·28 | 3·29 |
|---|---|---|---|---|---|---|---|
| 복음 쓰기 | | | | | | | |
| 사순 걷기 | | | | | | | |